RÉGLEMENT D'INTÉRIEUR

DE

L'ASSOCIATION FRATERNELLE

DES IMPRIMEURS SUR ÉTOFFES

de Paris et ses environs.

CHAPITRE PREMIER.

Du mode d'admission

ARTICLE PREMIER.

Tous ceux qui désireront faire partie de l'Association, s'adresseront au conseil de gérance, lequel publiera les noms des demandeurs pour l'Association, afin de les soumettre à une enquête qui durera un mois ; chaque Associé pourra prendre particulièrement des renseignements sur les noms publiés, et les transmettre par écrit au conseil de gérance, qui, à son tour, les apportera à l'Assemblée générale qui décidera de l'admission.

ART. 2.

Les demandeurs ne pourront assister aux Assemblées de réception ; le conseil de gérance leur donnera connaissance des décisions de l'Assemblée.

1850

Art. 3.

Il y aura une réunion de réception tous les mois, quand il y aura des demandes d'admission. Le conseil de gérance pourra faire voter l'admission des demandeurs dans les divisions, séparément, à un jour d'intervalle. Les procès verbaux des séances de réception devront être envoyés au conseil de gérance qui en publiera le résultat.

CHAPITRE II.

Des versements.

Art. 4.

Les Sociétaires verseront 25 centimes par journée de travail pour compléter l'action de 500 francs.

Art. 5.

Celui qui se sera refusé, ou qui n'aura pas versé ce que le précédent article prescrit, n'aura pas droit à la demande d'inscription de travail (art. 46 et 47), et aux secours de l'article 82 dudit réglement, tant qu'il sera en retard.

CHAPITRE III.

Du conseil de gérance.

Art. 6.

Ce conseil sera nommé comme il est dit art. 13 des statuts. Ses attributions seront déterminées d'une manière spéciale et précise.

ART. 7.

L'Association accorde aux gérants une liberté absolue dans leurs fonctions, sauf à faire contrôler leurs actes par le conseil de surveillance, et par l'Assemblée générale s'il y a lieu.

ART. 8.

Les gérants seront indemnisés des courses, frais et dépenses qu'ils feront pour le compte de l'Association ; les courses, frais et dépenses devront être détaillés et inscrits tous les jours sur un livre spécial, et soumis au contrôle du conseil de surveillance.

ART. 9.

Un tarif régulier sera établi pour les déplacements, lorsque le siége de l'Association sera constitué.

ART. 10.

S'il arrivait que le conseil de gérance fût composé exclusivement d'imprimeurs, et que la gérance ne leur donnât pas assez d'occupation, ils travailleront à leur table ; il en sera de même pour les gérants pris dans les autres professions de l'Association.

Le conseil de gérance devra toujours être représenté par un de ses membres au siége de l'Association.

ART. 11.

S'il arrivait qu'il n'y eût point d'ouvrage, le

salaire des gérants sera réduit des deux tiers.

ART. 12.

Lorsqu'un gérant sera forcé de s'absenter pour un temps déterminé, il devra passer à ses frais procuration de sa signature à un sous-gérant.

ART. 13.

Il sera nommé trois sous-gérants, qui devront remplacer les gérants dans leurs fonctions, en cas de maladie ou d'absence; ils devront avoir connaissance de toutes les fonctions et travail relatifs à la gérance; ils auront droit d'assister au conseil de gérance, de discuter, mais n'auront pas voix délibérative.

ART. 14.

Le gérant nommé pour les achats et les ventes, fera la place (la ville) et les commandes chez les fournisseurs.

CHAPITRE IV.

Du conseil de surveillance.

ART. 15.

Le conseil de surveillance sera nommé et fonctionnera comme il est dit aux articles 19, 20 et 21 des statuts.

ART. 16.

Toutes les propositions faites par les Sociétaires devront être adressées au président du conseil de surveillance. Les deux conseils de gérance et de surveillance réunis donneront leur avis motivé sur les propositions.

Lesdits conseils seront tenus de les soumettre à l'Assemblée générale.

CHAPITRE V.

Du conseil de famille.

ART. 17.

Le conseil de famille sera composé de cinq membres jusqu'à cinquante travailleurs de toutes les professions de l'Association ; de cinquante à cent travailleurs, il sera composé de sept membres, et ensuite il augmentera de deux, pour chaque cent accompli.

Il sera nommé deux membres suppléants, pour remplacer ceux malades ou ceux en cause.

ART. 18.

Dans le cas où toutes les professions de l'Association ne seraient pas représentées dans le conseil de famille par l'élection générale, celles qui ne le seraient pas éliront chacune un membre pour les représenter.

Néanmoins, les professions qui n'auront pas cinq travailleurs à l'Association ne pourront pas en élire.

ART. 19.

Le conseil de famille élira dans son sein un président et un secrétaire.

ART. 20.

Le conseil ne pourra siéger, si les deux tiers de ses membres ne sont présents, sauf le cas de maladie.

ART. 21.

Toutes décisions, pour être valables, devront être prises à la majorité absolue des votants.

ART. 22.

Lorsqu'un Sociétaire connaîtra un abus, une faute, ou une mauvaise gestion, tant de la part des gérants que des autres Sociétaires, il devra adresser sa plainte, par écrit et signée, au président du conseil de famille, pour que ledit conseil statue sur la plainte ou fasse un rapport qu'il adressera à l'Assemblée générale, s'il juge le cas trop grave pour se prononcer.

Les chefs d'ateliers pourront être révoqués immédiatement par le conseil de famille et par le conseil de gérance, après débats contradictoires.

Néanmoins, les chefs d'ateliers pourront être réélus.

ART. 23.

Le président du conseil de famille recevra les plaintes jusqu'au vendredi soir de chaque semaine ; passé ce temps, elles seront remises à huitaine.

ART. 24.

Lorsque le sujet de la plainte portera préjudice à l'Association, le président pourra convoquer immédiatement le conseil de famille.

Art. 25.

Le conseil s'assemblera tous les samedis soir, pour s'occuper de ce qui se sera passé dans la semaine, relativement au réglement d'intérieur, dont il est chargé d'assurer l'exécution, ainsi que de tout ce qui a trait à la morale, à l'honneur, aux intérêts de l'Association et de chaque Associé en particulier.

Art. 26.

Les séances seront publiques pour les Sociétaires.

Les Sociétaires présents ne pourront prendre la parole que sur l'ordre du président du conseil.

|Art. 27.

Dans le cas où un membre du conseil de famille serait en cause, il ne pourra siéger et sera remplacé par le premier suppléant.

Art. 28.

Les demandes d'expulsion devront être motivées par écrit, signées et adressées au président du conseil de famille.

Le conseil de famille sera juge, s'il y a lieu, de donner suite à la demande d'expulsion ou de l'annuler, sans même en prévenir celui qu'elle concerne.

Dans le cas où le conseil de famille jugera à propos de donner suite à la demande d'expulsion, il en référera au conseil de gérance et de surveillance

qui décideront s'il y a lieu de convoquer une Assemblée générale.

CHAPITRE VI.

Des assemblées générales, ordinaires et extraordinaires.

ART. 29.

Les Assemblées générales ordinaires et extraor-
dinaires auront lieu comme il est dit aux articles
23 et 24 des statuts.

L'ordre du jour sera dressé par les gérants et pré-
sidents des conseils de famille et de surveillance.

Le résumé des travaux de l'Association et des
différents conseils devra être lu à l'ouverture de
chaque Assemblée générale.

ART. 30.

Le président du conseil de surveillance ouvrira
la séance et fera nommer à main levée les membres
qui devront composer le bureau, comme il est dit
art. 26 des statuts. Il devra donner connaissance
de tous les candidats avant de faire voter.

Les noms des candidats seront tirés au sort, et
on les élira d'après leur numéro d'ordre.

ART. 31.

Le jour, l'heure et l'endroit devront être indiqués
sur la lettre de convocation faite par le conseil de
surveillance, être envoyés à domicile aux Asso-

ciés non travailleurs, et publiés dans les ateliers de l'Association pour les travailleurs.

ART. 32.

Pour constater le nombre des membres et leur présence, et pour éviter l'appel nominal, chaque Sociétaire inscrira son nom sur une carte, qu'il mettra, après vérification faite par le contrôleur, dans une urne placée à l'entrée de la salle.

L'urne restera une heure exposée, après laquelle on vérifiera si l'Assemblée est en nombre (art. 25 des-statuts); dans le cas contraire, la séance sera levée.

Les Sociétaires auront le droit de déposer leur carte tant qu'il en restera une dans l'urne.

ART. 33.

Tous les membres absents d'une Assemblée générale seront passibles d'une amende de 1 franc.

Dans le cas où on ne pourrait réunir les deux tiers des Sociétaires, comme il est dit art. 25 des statuts', l'amende contre les absents sera portée à 2 francs.

ART. 34.

Les sommes des amendes seront versées à la caisse de secours de l'Association.

Ne paieront pas d'amende, ceux qui constateront un cas de maladie par certificat de médecin visé par l'autorité.

ART. 35.

Les convocations, pour être valables, devront être faites au moins quatre jours d'avance.

ART. 36.

Pendant les séances, il est interdit de tenir des conversations particulières, de boire, de fumer, ainsi que de se présenter en état d'ivresse.

ART. 37.

L'expulsion de la séance pourra avoir lieu après trois rappels à l'ordre.

L'assemblée décidera alors s'il y a lieu de l'appliquer au Sociétaire qui se trouvera dans ce cas.

CHAPITRE VII.

Comptabilité.

ART. 38.

Les livres de l'Association seront ouverts tous les dimanches pour la vérification des comptes. Les Sociétaires seront admis dans les bureaux depuis huit heures du matin jusqu'à deux heures.

ART. 39.

Tous les 15 de chaque mois, les factures du travail livré seront données aux négociants.

Elles seront demandées le même jour aux fournisseurs.

ART. 40.

Les recettes et les dépenses seront réglées à la fin

de chaque mois, comme il est dit à l'art. 29 des statuts.

CHAPITRE VIII.

Des élections.

ART. 41.

Aucun Sociétaire ne pourra remplir plusieurs fonctions à la fois.

ART. 42.

Les Sociétaires travailleurs nommeront les chefs d'ateliers de leur profession.

Les élections qui concernent le travail seront dirigées par le président du conseil de famille.

ART. 43.

L'élection du conseil de gérance et de surveillance se fera dans la quinzaine qui suivra le compte rendu du mois de janvier.

L'élection du conseil de famille et des chefs d'ateliers se fera dans la quinzaine qui suivra le compte rendu du mois de juillet.

CHAPITRE IX.

Du travail en général, des salaires et heures de travail.

ART. 44.

L'art. 30 des statuts dit : Le premier atelier sera composé d'un nombre d'ouvriers imprimeurs qui sera déterminé en Assemblée générale.

L'Assemblée générale désignera par un vote les cinquante premiers qui devront commencer; dans le cas où l'atelier ne se trouverait composé que d'un nombre inférieur, la majorité relative désignera ceux qui devront commencer, et les autres prendront leur numéro d'ordre de travail jusqu'au n° 50, qui sera obligatoire.

Néanmoins, les cinquante Sociétaires élus qui ne voudront pas venir travailler, pourront céder leur numéro à un des cinquante élus qui ne travaillerait pas.

Le Sociétaire ne pourra céder son numéro qu'à celui des cinquante élus qui, ne travaillant pas, aura le plus de voix.

ART. 45.

L'Assemblée générale désignera également les dix premiers graveurs qui devront commencer.

Les deux derniers paragraphes de l'article précédent seront applicables aux graveurs.

ART. 46.

Depuis le n° 50, jusqu'au commencement de l'atelier, tous les numéros suivants seront permanents dans l'urne.

Tous les noms des Sociétaires qui sont permanents dans l'urne, et qui seraient appelés à venir travailler dans l'Association, seront libres de ne pas accepter le travail.

Les Sociétaires qui ne voudront pas que leur nom soit permanent dans l'urne, pourront, en

avertissant, éviter que leur ncm ne soit tiré au
sort.

ART. 47.

Tant que les Sociétaires dont les noms seront
permanents dans l'urne, ne seront pas épuisés, nul
d'entre les nouveaux Sociétaires ne pourra se faire
inscrire pour le travail.

Pour avoir droit à l'inscription, il faut que le nou-
veau Sociétaire ait fait six mois de noviciat.

Le mois de publication comptera dans les six
mois.

Tant que les inscriptions mensuelles ne seront
pas épuisées, nul d'entre les nouvaux Sociétaires
ne pourra avoir son nom déposé dans l'urne, pour
le tirage au sort du travail (art. 32 des statuts).

ART. 48.

Dans le cas où dans une profession il n'y aura
point d'inscription pour la demande du travail, on
mettra les noms de tous les Sociétaires dans une
urne, et on tirera au sort ; ceux qui tomberont au
sort seront tenus de se rendre aux ordres de l'Association ; s'ils s'y refusent, ils seront considérés
comme démissionnaires.

ART. 49.

Les dimanches ne sont pas obligatoires pour le
travail.

Les Sociétaires auront deux jours par mois pour
en disposer à leur fantaisie.

Ceux qui perdront plus de deux jours dans le courant du mois paieront une amende de 1 franc pour les journées perdues en plus.

Seront exceptés de l'amende ceux qui auront à exercer des droits politiques et civils.

Pour ces derniers, les sociétaires n'auront droit à l'exemption de l'amende que pour deux jours en plus que les deux jours ordinaires.

Pour obtenir l'exemption de l'amende, il faut avoir produit des pièces authentiques constatant l'exercice de ces deux droits.

CHAPITRE X.

De l'inventaire.

ART. 50.

L'inventaire doit être fait d'après l'art. 33 des statuts; les chefs d'ateliers doivent faire l'inventaire, chacun en ce qui le concerne, en présence des gérants.

ART. 51.

Les inventaires seront faits tous les premiers des mois de janvier, avril, juillet, octobre, et devront être terminés dans les cinq jours des mêmes mois

Le conseil de surveillance contrôle chaque inventaire.

CHAPITRE XI.

Des bénéfices.

ART. 52.

La répartition des bénéfices de l'art. 34, paragraphe 3 des statuts, aura lieu pour les actions et coupons d'actions complétés au commencement du trimestre.

Les actions ou coupons d'actions pourront être pris ou complétés jusqu'au 15 de chaque mois qui suivra l'inventaire.

ART. 53.

Quand un inventaire constatera des pertes, elles seront réparties sur les actions et coupons d'actions au marc le franc.

ART. 54.

Les Sociétaires devront compléter leurs pertes en numéraire, ou faire la remise en coupons d'actions dans le délai indiqué dans l'art. 52, paragraphe 2. L'Association remettra un reçu pour les appoints des coupons d'actions.

ART. 55.

A chaque inventaire, les créances seront réparties aux ayants droit ; celles de l'Association seront réglées avant les bénéfices nets.

ART. 56.

La répartition des créances se fera en bons de créances donnés par l'Association.

ART. 57.

Dans le cas de poursuites judiciaires, l'Association fera les frais ; s'il y a perte, les frais seront pour l'Association.

Néanmoins, elle prélèvera ses avances sur les premières rentrées des créances ; mais s'il y a perte de procès, l'Association paiera les frais.

ART. 58.

Les conseils de gérance et de surveillance réunis ordonneront les poursuites.

CHAPITRE XII.

Des salaires et heures de travail.

ART. 59.

Le salaire des gérants est fixé à 6 francs par jour, pendant toute l'année.

ART. 60.

Le dessinateur, le chef des fourneaux de la cuisine de couleurs, et le chef du fixage, seront payés comme les imprimeurs.

Le chef des hommes de peine sera payé 4 francs, et les hommes de peine, 3 francs.

Les graveurs seront payés comme les imprimeurs.

Les imprimeurs seront payés 6 francs en été, et 5 francs 50 centimes en hiver, le tireur compris.

Les heures de travail sont fixées à dix par jour, pour toutes les professions de l'Association. Néanmoins, quand la saison ne le permettra plus, les imprimeurs et graveurs travailleront du jour au jour.

Du 1ᵉʳ mars au 1ᵉʳ novembre, on fera deux repas, et du 1ᵉʳ novembre au 1ᵉʳ mars, on n'en fera qu'un seul.

ART. 61.

Les conseils de gérance et de famille réunis, pourront mettre les ateliers en chômage, quand ils le jugeront convenable.

CHAPITRE XIII.

Des devoirs des Sociétaires.

ART. 62.

En adhérant, chaque Sociétaire prend l'engagement de mettre à la disposition de l'Association toutes ses forces et facultés, de respecter et d'obéir aux chefs nommés, d'observer l'honneur et la morale dans l'Association, comme en dehors.

ART. 63.

Les dettes contractées pendant le travail dans l'Association seront réglées par la retenue du quart du salaire, sans toutefois réduire le salaire au-dessous de 70 francs par mois.

ART. 64.

Quand un créancier se présentera pour recouvrer ses créances sans titres, il s'adressera au caissier, lequel fera venir le débiteur devant le créancier ;

quand la créance sera reconnue par le débiteur, la retenue lui sera faite au terme de l'article 63.

ART. 65.

En cas de contestation, le créancier devra justifier du titre de créance, reconnu par l'autorité compétente, sans avoir besoin d'opposition.

ART. 66.

Tout Sociétaire qui aura insulté un autre Sociétaire sera condamné à une amende de 3 fr.

Les voies de fait entre Sociétaires seront punies d'une amende de 6 fr.

En cas de récidive, l'amende sera du double.

ART. 67.

Les déclarations au conseil de famille, qui jugera la cause concernant les insultes et les voies de fait, pourront être faites par tous les associés.

CHAPITRE XIV.

Des démissions.

ART. 68.

Lorsqu'un Sociétaire travailleur voudra quitter l'atelier de l'Association, il devra avertir huit jours d'avance.

Tous les chefs d'emploi devront avertir un mois d'avance.

ART. 69.

Les Sociétaires pourront donner leur démission de travailleur.

Dans le cas où l'Association aurait besoin d'eux, le conseil de gérance les appellera s'il n'a personne pour les remplacer dans leur profession.

En cas de refus, ils seront démissionnaires de l'Association.

ART. 70.

Les propositions de dissolution de l'Association devront être faites trois mois avant leur discussion.

CHAPITRE XV.

Décès, veuves, orphelins et legs.

ART. 71.

En cas de mort d'un Sociétaire, l'Association se chargera de nourrir, d'entretenir, et de faire instruire les enfants légitimes au-dessous de seize ans.

ART. 72.

Pour que les enfants aient droit à ce qui précède, il faut que leur père ait fait partie de l'Association pendant quatre années, et que les mères, tuteurs, ou subrogés tuteurs, aient fait abandon de la mise sociale du défunt à l'Association, sans préjudice de la valeur du fond social de la Société.

L'Association recevra les legs et dons, aux termes de la loi.

ART. 73.

Ces droits seront établis au siége de l'Association, qui pourra laisser les enfants aux mères ou parents pendant un temps déterminé. Quand l'Association demandera les enfants, les parents devront les mettre à sa disposition, sous peine de perdre leurs droits.

ART. 74.

L'Association pourra les employer au travail qu'elle jugera convenable.

Néanmoins, les enfants ne pourront être employés au travail, sous aucun prétexte, avant dix ans révolus.

Les enfants seront à la disposition de l'Association jusqu'à l'âge de vingt-un ans.

ART. 75.

A partir de l'âge de seize ans, l'Association versera 25 centimes par journée de travail, pour les enfants qui consentiront à y travailler jusqu'à l'âge de vingt-un ans. Ceux des enfants qui ne rempliront pas l'engagement qu'ils auront contracté envers l'Association, n'auront pas droit à l'argent versé pour eux; cet argent sera alors versé à la caisse des secours de l'Association.

Les jeunes gens ayant resté à l'Association, dans les conditions du paragraphe précédent, et qui seront appelés par le sort au service militaire, seront Sociétaires de droit après un versement de 25 francs à leur rentrée du service.

ART. 76.

Un tarif de nourriture et d'entretien par degré d'âge sera établi.

Les parents qui auront des enfants chez eux,

ayant droit aux secours, toucheront la somme stipulée dans le tarif.

ART. 77.

Toutes les dépenses relatives à ce chapitre seront portées en compte avec les dépenses générales de l'Association.

ART. 78.

Après le décès d'un Sociétaire, il sera délivré aux héritiers un titre du nombre d'années accomplies passées dans la Société.

CHAPITRE XVI.

Des secours.

ART. 79.

Les membres de l'Association forment une caisse de secours mutuels obligatoires.

La cotisation est fixée à 15 centimes par journée de travail pour les Sociétaires de toutes les professions de l'Association.

ART. 80.

Tous les trimestres il sera fait une addition des sommes provenant des 10 pour 100 des bénéfices nets, des amendes et des cotisations des Sociétaires, qui seront divisées en trois parties égales, et réparties par mois entre les travailleurs en secours.

ART. 81.

Il sera complété, sans jamais pouvoir la dépas-

ser, la somme de 25 francs en secours, par mois,
à chaque Sociétaire qui ne les aura pas gagnés.

ART. 82.

La somme destinée pour les secours du mois sera
distribuée aux Sociétaires ayant droit; lorsqu'elle
ne sera pas assez élevée pour compléter les 25 fr.,
elle sera partagée en parties égales, et les Sociétaires subiront la diminution.

ART. 83.

Lorsqu'un Sociétaire en droit de secours aura ga-
gné plus que ce qui lui reviendrait pour sa part, il
n'entrera pas dans la catégorie de ceux qui ont
droit aux secours.

ART. 84.

Les comptes de recettes et secours se feront du
premier au dernier de chaque mois.

ART. 85.

Lorsque les secours n'absorberont pas la somme
destinée à chaque mois, ce qui restera en plus du
premier mois du trimestre sera réparti sur les deux
suivants; le surplus du deuxième sur le troisième,
et le restant du trimestre sur le trimestre suivant.

ART. 86.

Il sera nommé trois membres, un dans chaque
division, pour percevoir les cotisations et recevoir
les demandes de secours, qui devront être signées
par les demandeurs, sur un livre spécial.

ART. 87.

Les cotisations et demandes de secours seront
reçues dans chaque division jusqu'au 6 de chaque

mois chez le receveur, qui devra dans les trois jours les expédier au siége de la Société, chargée d'en tenir la comptabilité. Passé le 6 du mois, les réclamations de secours seront nulles.

ART. 88.

Les paiements des secours se feront à partir du 16 de chaque mois.

Les sommes dues, soit pour les amendes ou pour les cotisations, ne seront pas comptées dans la répartition.

ART. 89.

Toute fraude, relativement aux secours ou cotisations, par quelque moyen que ce soit, reconnue par le conseil de famille, pourra entraîner l'exclusion du Sociétaire.

ART. 90.

Tout Sociétaire en retard pour les cotisations ou les versements de chaque mois, perdra son droit à l'inscription au travail (art. 46 et 47) et les secours (art. 82), en cas de chômage, jusqu'à ce qu'il ait payé son arriéré.

ART. 91.

Les cotisations seront exigées à partir de l'ouverture du premier atelier.

Les secours commenceront à partir du deuxième inventaire.

Chaque fois qu'il y aura un changement dans le réglement, ou des additions à y faire, ils seront affichés pendant trois mois dans les ateliers.

Le présent réglement sera inscrit sur un livre spécial ayant pour titre : *Livre des délibérations*, sur lequel seront inscrits les procès verbaux des séances, signés par les membres du conseil de gérance, et les membres du bureau.

Fait et délibéré en Assemblée générale, le 16 juin 1850.

Les Gérants : Louis-Théodore COURTILLET ;
Aimé - Alphonse BAYARD ;
Jean-Jacques PERCHERON.

SAINT-DENIS.——TYPOGRAPHIE DE PREVOT ET DROUARD.

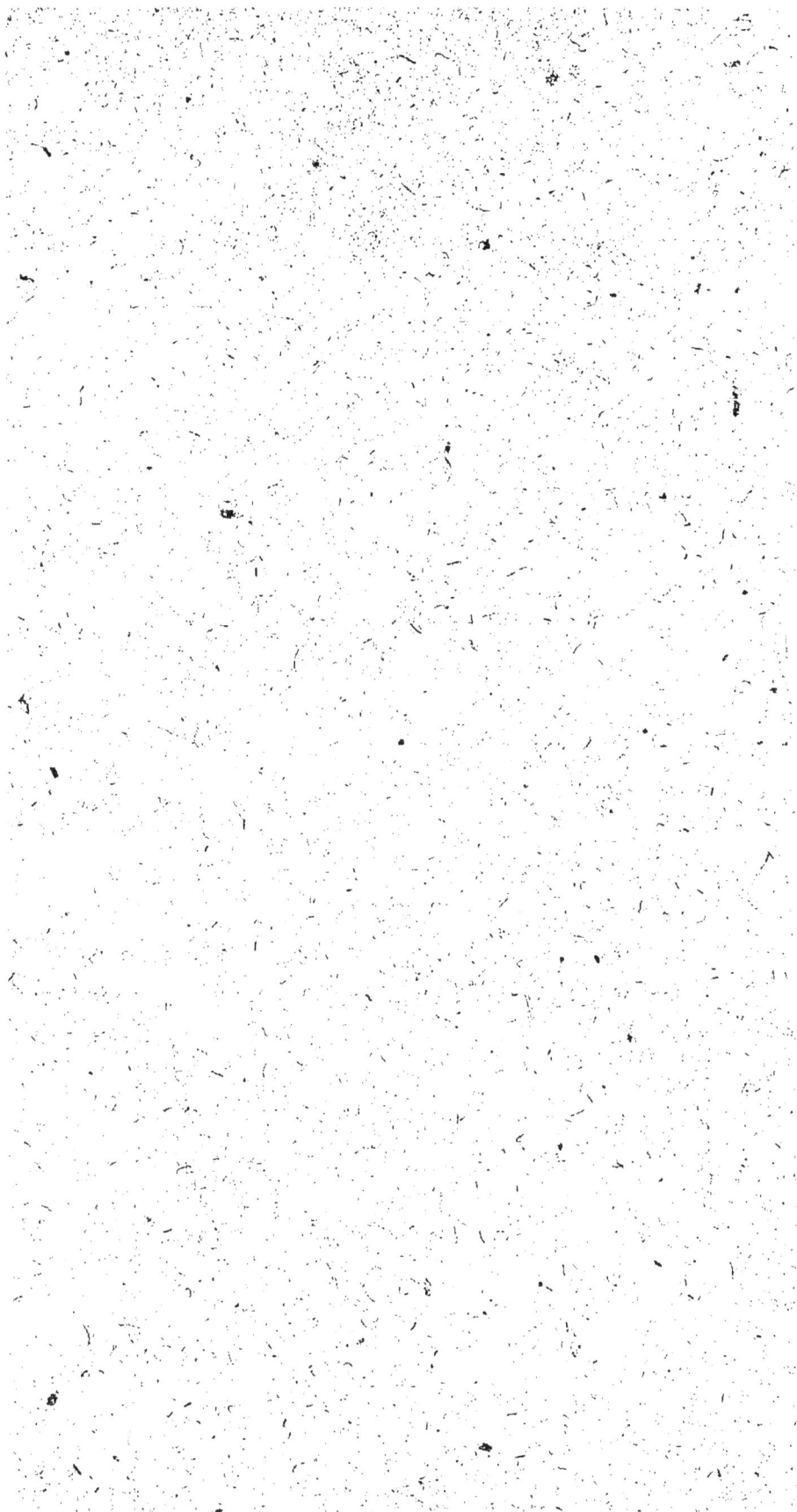

www.ingramcontent.com/pod-product-compliance
Lightning Source LLC
Chambersburg PA
CBHW070159200326
41520CB00018B/5471